KB043424

안녕! 오늘도 좋은 하루

안녕!
오늘도
좋은 하루

특수교사가 그리고 쓴
아이들과 함께한 빛나는 순간들

한울림스페셜

개성 넘치는 아이들과 특수교사가 함께한 따뜻하고 사랑스러운 일상

25년 전 저는 중학교 1학년 학생이었습니다. 남자 중학교 1학년 3반. 우리 반엔 특별한 친구 3명이 있었는데요, 이 친구들은 '향상반' 소속이었습니다. 네, 맞아요. 장애가 있는 친구들이었습니다. 그때는 몰랐지만 셋 다 자폐성 장애가 있었습니다.

아직도 생각납니다. A친구는 전국의 인터체인지(IC)와 서울의 지하철 노선도를 달달 외우면서 하루에도 몇 번씩 IC와 지하철 노선도를 그렸습니다. B친구는 젓가락, 연필, 나무막대기, 대걸레 봉 등 '긴 것'에 집착했고, C친구는 알 수 없는 노래를 잠시도 쉬지 않고 흥얼거렸습니다. 지금이야 상동행동이나 반향어 같은 것을 조금은 공부해서 알고 있지만, 당시에는 향상반 친구들의 행동과 말투가 그저 신기해 보일 뿐이었습니다.

그 친구들은 '물리적으로' 통합만 되어있었습니다. 수업 내내 예측할 수 없이 터져 나오는 이 친구들의 돌발 행동에 우리는 폭소했고, 선생님은 그저 참고 무시할 뿐이었습니다. 심지어 짓궂은 친구 몇몇은 향상반 친구들을 비정상이라고 놀렸고, 어떤 선생님은 '장애자'라고 불렀습니다. 지금 생각하면 참 부끄러워집니다.

당시 담임선생님은 향상반 친구들의 도우미로 저를 지목하셨는데 그 이유는 단지 A친구와 저희 집이 가깝기 때문이었습니다.

어느 날 토요일 오후에 A친구가 불쑥 우리 집으로 찾아왔습니다. 약속한 것도 아니었는데 정말 불쑥 찾아왔습니다. 그리고 부모님에게 인사를 하고 냉장고에서 자기가 먹고 싶은 음식을 다 꺼내 먹더니 자연스럽게 TV를 보기 시작했습니다. 처음에는 당황했지만 같이 TV를 보며 종일 함께 있다 보니 문득 이런 생각이 들었습니다. '아, 생각보다 나랑 다르지 않네?' A가 우리 집에 와서 나랑 놀았다고 하면 다른 친구들이 놀릴까 봐 끝까지 비밀로 했지만, 저는 그 하루로 인해 장애인에 대한 생각이 많이 바뀌었습니다.

25년이 흐른 지금 우리의 교실은 어떤가요? 교사로서 살펴보면, 확실히 예전보다는 상황이 많이 나아졌습니다. '장애인 등에 대한 특수교육법'이 생겼고, 통합교육이 대세가 되었습니다. 학교에서는 다양성 이해교육과 함께 장애가 있는 친구들에 대한 개별화교육계획을 실시하고 각종 지원 등을 하려고 노력합니다. 아이들도 장애인을 비하하거나 놀리는 것이 창피한 행동이라는 걸 알고 있는 것 같습니다. 하지만 그만큼 장애학생과 비장애학생이 더 가까워졌을까요? 선을 지킬 뿐 절대 넘어가려고 하지 않는 느낌입니다. 알고만 있을 뿐, 물

리적으로만 통합되어 있는 건 마찬가지입니다. 편견 또한 여전히 남아있습니다.

이 책을 보면 아마도 예전의 저처럼 '아, 장애가 있는 친구들이 생각보다 나랑 다르지 않네?' 하는 생각이 들 겁니다. 그렇다고 이 책에 거창한 특수교육이론이 담겨있거나 심각한 담론이 담겨있는 것은 아닙니다. 아니 특수교육 책이지만 특수학급 아이들은 전혀 특수하지 않다고 말하는 책이라고 하는 게 가장 정확한 설명일 것 같습니다. 정말 담백하고 맑고 솔직한 만화책입니다.

이 책에는 현장 교사가 아이들을 만나고 부대껴야만 느낄 수 있는 따뜻한 생각과 감정이 담겨있습니다. 하지만 깊이가 얕지 않습니다. 특수학급의 모습이 잘 담겨있고, 장애가 있는 학생들의 특성과 교사의 고민도 소소하게 녹아있습니다. 마치 내가 특수교사가 된 느낌마저 들게 합니다.

저자는 말합니다. '아이들의 시선이 머무는 곳에는 모든 인간의 마음속 깊은 곳에 자리 잡고 있는 아름다운 것들이 있다'고. 그리고 '어른인 우리에게는 보이지 않지만, 아니 어릴 적에는 봤지만 언제부턴가 더 이상 보려 하지 않았던 그런 것들이 있다'고. 이 말에 동의합니다. 많은 사람이 이 책을 보면서 우리가 더 이상 보려 하지 않았던 것을 다시 한번 볼 수 있게 되면 좋겠습니다.

그림으로 소통하는 참쌤 김차명(시흥 배곧초등학교 교사)

차례

프롤로그

선물을 받았습니다.

반짝반짝 빛나고
동글동글하며
통통 튀는

조그마하면서도 커다랗고
아무것도 모르는 것 같지만 알고 있고
말썽은 피우지만 너무나 사랑스러운

울창한 숲속 도토리처럼
살아가려는 힘으로 속이 꽉 차서
금방이라도 톡 터져버릴 것 같은

그런 선물을 받았습니다.

1
안녕

매일 아침

아이들이

저마다의 개성을 뽐내며

학교에 옵니다.

안녕, 얘들아!

오늘도 좋은 하루.

안녕

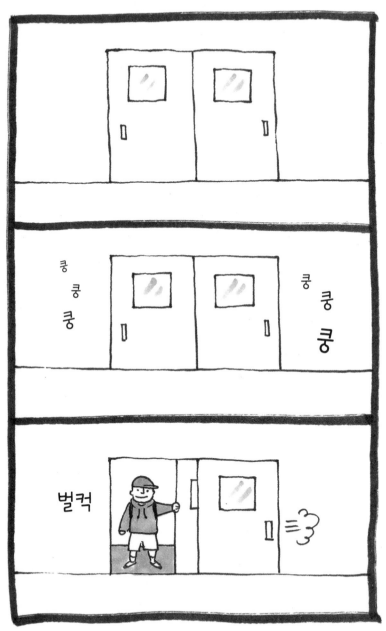

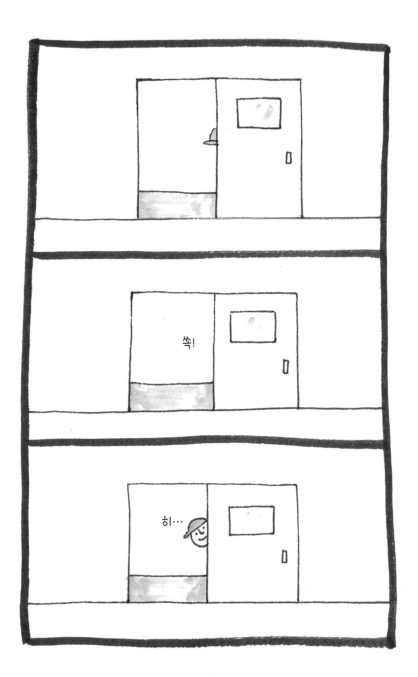

저마다 개성으로 빛나는 아이들

19

2

또 없어졌네!

특수학급에서는
아이 한 명 한 명과 마주하는
맞춤 수업을 합니다.
아이들의 반짝이는 감성은
놀라움 그 자체입니다.

또 없어졌네!

수업 중에 아이들은

잘하고 싶은 아이들

심오한 질문

너무 어려운 문제

3

빙글빙글 돌기

아이와 선생님,
아이와 아이가
마주보며 웃습니다.
서로 안아주기도 하고
이야기도 나누며
함께 성장합니다.
아이도, 선생님도.

아이들은 따라쟁이

40

빙글빙글 돌기

선생님, 빙글빙글 해주세요.

아이들은 빙글빙글 돌기를 무척 좋아한다.

폴짝

이 녀석, 그새 또 많이 자랐네.

43

깜짝이야

4

다정함

1 더하기 1은? 2

2 곱하기 2는? 4

그럼

친구가 울고 있는 이유는 뭘까요?

선생님의 어깨가 처져있을 때는

어떻게 해야 할까요?

마음이 따뜻한 아이는

가르쳐주지 않아도

알고 있습니다.

다르지만 함께

어린 여학생들은 좋아하는 남학생을 사이에 두고
쟁탈전을 벌이는 일이 많다.

마치 누나처럼 서로 돌봐주려고 하다가 다투기도 한다.
신기하게도 남학생들이 그러는 건 보지 못했다.

내가
해줄게.

아냐,
내가 해줄게.

"그건 ○○이가 혼자 하게 두자." 하고
말해야 할 때도 있다.

쟁탈전은 학년이 올라가면서 사라진다.
그 대신 은근히 신경 써주거나 눈치껏 도와준다.

열 일 제쳐두고 어려움에 부딪힌 친구를 돕는 아이들도 많다.
그것도 티 안 나게 아주 자연스러운 방식으로.

한 명 한 명 다르지만
서로 부대끼고 어울리면서
아이들은 함께 성장한다.

나는 이 아이들과
매일 함께 한다.

다정한 아이

귀신 소동

울적한 날

쏴아아

와르르

정성 들여 힘들게 쌓아올린 것들이
와르르 무너져버릴 때가 있다.

교육도 그렇고

사람들의 인식도 그렇다.

통합교육이란?

하지만 또 다시 쌓아가다 보면
뜻밖의 선물을 받는 날도 있다.

5

너만의 개성

너에게만 있는 능력은

때로는 놀라운 재능이 되기도 하고

때로는 너를 상처 입히는 칼날이 되기도 하지.

너만의 개성이 너에게

칼날이 아닌

보물이 되기를.

놀라운 재능

기억력이 좋다는 건

6

관심 끌기 공격

아이의 세상은 온통
'처음'으로 가득합니다.
처음 보는 것
처음 하는 것
기쁨도 슬픔도
그리고
좋아하는 마음도
모두 '처음'입니다.

관심 끌기 공격

70

가만히 못 있는 아이

시험이 뭐길래

이기고 말 테야

사랑이란

83

7

너와 함께 걸으면

아이의 시선이 머무는 곳에는
어른들이 잊고 사는 것들이 있습니다.
길을 걷는 즐거움,
자연의 신비함….
아이와 함께 걸으면
온 세상이
반짝반짝 빛이 납니다.

우리 선생님 없어요?

소풍 가는 날

89

작전 ①
업어주기

먼저
가방을
앞으로
메고!

웃차

선생님이
업어줄게.

이리 와봐.

흥!

실패

작전 ②
도시락으로 달래기

프라이드치킨

달걀말이

소시지

명란주먹밥

사과

방울토마토

오늘 도시락에
맛있는 거
많은데.

90

너와 함께 걸으면

8

다른 것을 본다

눈에 잘 띄진 않지만
반드시 있는 것.
눈에 보이진 않지만
정말 있는 것.
아이의 시선이 머무는 곳을 바라보면
그런 게 보이기 시작합니다.

다른 것을 본다

105

꽃잎

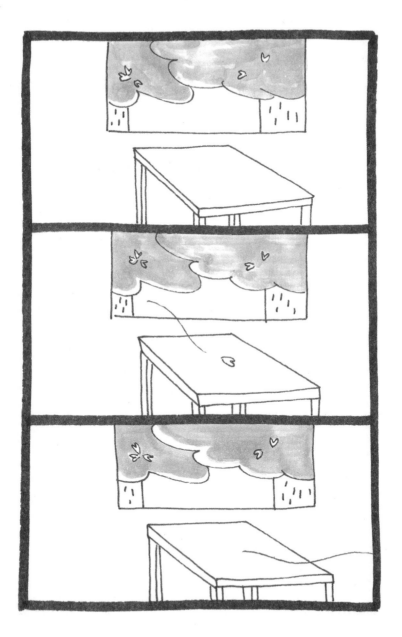

우리 모두의 마음속에 있는 것

120

122

아이가 나를 바라보았다.

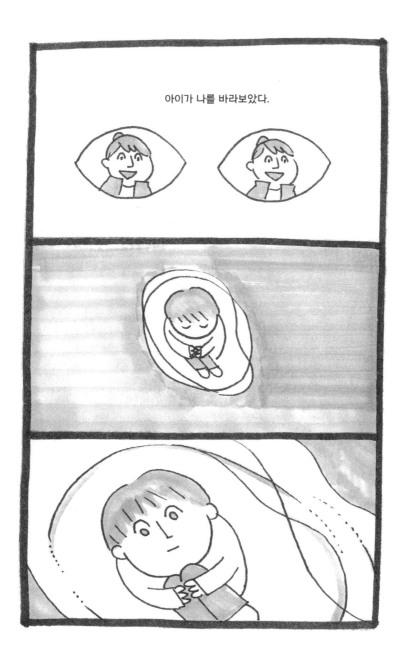

9

함께 있어줘서 고마워

너와 내가
여기에 함께 있다.
참으로 신기하고
놀랍도록 멋진 일이다.

포기하지 않아

수술 이후 밤에
잘 수가 없었어요.

1년간
그 누구와도
대화를 못했고요.

외로웠어요,
너무 많이….

그러던 어느 날
고통스러운 생활에서
벗어날 방법을
찾았다.

기관   식도

분리수술

기관과 식도를 분리하면
음식이 기관으로 잘못
넘어가는 일이 없어진다.
가래도 하루 열 번만 빼면 된다.

하지만 성대를
잘라내야 해서
말은 할 수 없게 된다.

고마워

꼬옥

고마워,
여기에 함께 있어줘서.

에필로그

　제가 특수교사가 되려고 결심한 이유는, 이 책에서도 그렸듯이, 지체장애아들이 다니는 특수학교에서 만난 한 아이 때문이었습니다. 그 아이는 손발을 자유롭게 움직이지도 못하고 의사소통도 하기 어려웠지만, 우리는 결국 소통했습니다.

　그 아이가 제게 깨닫게 해준 건 장애가 있건 없건 사람과 사람의 마음은 언젠가는 반드시 통한다는 사실이었습니다.

　특수교육 현장에 있다 보면 알게 됩니다. 아이들의 시선이 머무는 곳에는 모든 인간의 마음속 깊은 곳에 자리 잡고 있는 아름다운 것들이 있음을. 그리고 어른인 우리에게는 보이지 않지만, 아니 어릴 적에는 봤지만 언제부턴가 더 이상 보려 하지 않았던 것이 있음을.

　장애가 중하다고 해서 그 시선의 깊이가 얕아지는 것도 아닙니다.

　아이들은 다른 사람과 자신을 비교하지도 않습니다. 과거를 후회하거나 미래를 걱정하지도 않습니다. 그저 성실하고 꿋꿋하게 '지금'을 살아갑니다.

이처럼 아이들에게 배울 점은 셀 수 없이 많습니다.

그런데도 아이들을 바라보는 편견으로 가득한 시선과 마주하는 일이 종종 일어납니다.

저는 그런 편견이 무지나 무관심에서 온다고 생각합니다. 만약 이 아이들이 지닌 사랑스러움과 이 아이들만의 넘치는 개성을 알게 된다면 그런 편견 따위는 더 이상 갖지 않게 될 테니까요.

그런 믿음으로 온 마음을 담아 이 책을 그리고 썼습니다.

이 책에 나오는 아이들은 실제로 제가 만났던 특정 아이들이 아닙니다. 그동안 만나온 아이들을 떠올리며 그려낸 캐릭터입니다.

이 책이 우리 아이들을 향한 세상의 편견을 깨뜨려 아이들이 존중받으며 함께 살아갈 수 있는 세상을 만드는 데 조금이나마 도움이 되었으면 하는 마음입니다.

안녕! 오늘도 좋은 하루

지은이 | 노에미   옮긴이 | 채송화
펴낸이 | 곽미순   책임편집 | 윤도경   디자인 | 김민서

펴낸곳 | ㈜도서출판 한울림   기획 | 이미혜   편집 | 윤도경 윤소라 이은파 박미화 김주연
디자인 | 김민서 이순영   마케팅 | 공태훈 윤재영   제작·관리 | 김영석
출판 등록 | 2008년 2월 13일(제2021-000316호)
주소 | 서울특별시 마포구 희우정로16길 21
대표전화 | 02-2635-1400   팩스 | 02-2635-1415
홈페이지 | www.inbumo.com   블로그 | blog.naver.com/hanulimkids
페이스북 | www.facebook.com/hanulim
인스타그램 | www.instagram.com/hanulimkids

첫판 1쇄 펴낸날 | 2020년 7월 22일
    2쇄 펴낸날 | 2022년 10월 4일
ISBN 978-89-93143-87-4   03370